AF245830

BIOGRAPHIE

ET

POÉSIES

DE

THÉODORE LECLERC

(DE PARIS),

MEMBRE DE L'UNION DES POÈTES ET DE L'ACADÉMIE
FLOSALPINE,
LAURÉAT DE L'ACADÉMIE UNIVERSELLE
DES ARTS ET MANUFACTURES.

PARIS,
L. RICHARD, RUE MAZARINE, 11.

1862

BIOGRAPHIE

ET

POÉSIES

DE

THÉODORE LECLERC

(DE PARIS),

MEMBRE DE L'UNION DES POÈTES ET DE L'ACADÉMIE

FLOSALPINE,

LAURÉAT DE L'ACADÉMIE UNIVERSELLE

DES ARTS ET MANUFACTURES.

PARIS,

L. RICHARD, RUE MAZARINE, 11.

—

1862

Metz. Imp. et Lith. Nouvian.

THÉODORE LECLERC.

BIOGRAPHIE.

Pierre-Théodore LECLERC est né à Paris, le
8 octobre 1819, jour de sainte Pélagie, que
dans sa joyeuse humeur il appelle la Patronne
des Chansonniers. Dès l'âge le plus tendre,
Leclerc se livra à la poésie, il avait à peine
quatorze ans, que déjà il composait des vaude-
villes dont deux furent joués avec succès à
Paris et en Algérie.

Né de parents pauvres, sans protection,
sans fortune, il dut bientôt renoncer au genre
de littérature auquel il s'était adonné, pour
embrasser la modeste profession de briquetier.
Dans les loisirs que lui laissait son apprentis-
sage, il se livrait avec ardeur à son goût
favori et puisait dans de bonnes lectures les
connaissances dont il ressentait le besoin: il se

mit à composer des chansons à l'exemple des
Louis Voitelain, Michel Chaplain, Hégésippe
Moreau, Charles Gille, Alexandre Pister, Cio-
lina, Eugène Lebeau dit Ruy-Blas, et tant
d'autres dont il recherchait les œuvres avec
avidité. .

Peu à peu sa muse s'inspira des chants de
notre immortel chansonnier national, Béranger, qui lui avait fait l'honneur de l'encou-
rager.

Théodore Leclerc n'est pas un chansonnier
qui trempe sa plume dans l'encre fangeuse des
cabarets de carrefour, ses sentiments l'élèvent
vers le beau, le sublime, et il suffit de lire
quelques-unes de ses productions pour voir
le bon esprit qui l'anime. Telles sont :

La Plume et la Charrue ;

La Tombe de Châteaubriand ;

A Laure de Bussigny ;

Les Apôtres de l'Humanité ;

La Tombe de Béranger ;

Hommage à Mademoiselle Péan de
La Roche-Jagu ;

et grand nombre d'autres dont l'énumération

est inutile, puisque le nom de Théodore Leclerc (de Paris) se trouve dans toutes les publications populaires; il est, de plus, membre de plusieurs Sociétés et Académies littéraires, entr'autres : l'Union des Poètes, l'Académie Flosalpine, le Caveau Normand, etc., etc.

Ainsi, c'est avec l'étude, le langage du cœur et une noble persévérance que notre ouvrier poète sut se faire un nom en dépit des Zoïles. Sa muse, semblable à Gusman du Pied de Mouton, ne connaît pas d'obstacles.

C'est une bonne fille, souvent folle, quelquefois sérieuse, mais toujours honnête; car elle bannit la licence; elle a pris pour devise ce vers connu :

Tous les genres sont bons, hors le genre ennuyeux.

CHAPLAIN Fils.

Théodore Leclerc n'est pas seulement un chansonnier, c'est aussi un fabuliste, un poète dont la lyre vibrante exerce ses doux accords sur tout ce qui l'environne.

Élève des Muses bienfaisantes, il goûte un

vrai plaisir à s'épancher dans le cœur d'un ami; aussi a-t-il toujours quelque inspiration nouvelle pour l'amitié. Vous en jugerez par la lettre suivante pleine de sentiment qu'il adressa à Mademoiselle Péan de La Roche-Jagu (parente de Châteaubriand), alors que la nécessité lui commanda le cruel sacrifice de son piano, outil de l'artiste. Voici cette lettre que nous reproduisons textuellement :

« Mademoiselle,

» C'est avec une profonde douleur que
» nous avons lu vos mémoires, qui nous ont
» vivement impressionnés.

» Eh quoi! vous avez été contrainte par
» la nécessité de vous séparer de votre piano
» qui est pour l'artiste son bien le plus cher
» et le plus précieux, et toute sa richesse.
» Mais tranquillisez-vous, Mademoiselle, la
» classe ouvrière aussi aime de cœur les ar-
» tistes qui leur apportent un baume pour
» soulager leur douleur, et elle ne laissera
» pas dans la détresse une parente de Château-
» briand, dont nous admirons tous les écrits.

» Mademoiselle, soyez certaine que parmi
» la classe ouvrière il existe des cœurs dévoués
» et sincères qui ne feront jamais défaut aux
» actes d'humanité.

» Agréez, Mademoiselle, la sympathie
» que nous éprouvons pour vos malheurs.

» Vos dévoués et sincères serviteurs, »

THÉODORE LECLERC (de Paris),

MEMBRE DE L'UNION DES POÈTES ET DE
L'ACADÉMIE FLOSALPINE,

3, passage Dubois, à la Maison-Blanche,
PARIS.

Ouvriers adhérents : Bernard Lesage; Cham-
peau; Pérez; L'Hermite; Sculfort; Léopold
Leclerc; Bertrand-Jean-Charles Travet;
Lefièvre; Pierre Duverny; Jean Martin.

Chose digne de remarque, beaucoup des
souscriptions que Mademoiselle Péan de La
Roche-Jagu a recueillies lui sont venues
des rangs populaires, et les fils des croisés
auxquels elle est alliée n'ont pas encore

apporté leur denier à une œuvre aussi chari-
table; ce denier-là, pourtant, vaut bien
celui de Saint-Pierre.

HIPPOLYTE LUCAS

(du *Siècle*).

ALLOCUTION

de

MADEMOISELLE PÉAN DE LA ROCHE-JAGU

Aux Ouvriers de Paris,

ORGANISATEURS DU CONCERT DONNÉ A SON BÉNÉFICE

Le 24 Mars 1861,

A LA SALLE BARTHÉLEMY,

Lue par M. Alexandre LEMOINE.

MESSIEURS,

Cette solennité, que vous avez eu la généro-
sité d'organiser à mon bénéfice, doit s'ouvrir
par mes bien vifs remercîments.

Vous tous qui avez marché de cœur, vous

apprécierez la généreuse initiative que fait ressortir votre généreuse action, et vous ne serez pas surpris si je ne puis venir moi-même vous exprimer la gratitude qui vous est à jamais acquise.

Il faudrait une plume plus éloquente que la mienne pour vous la peindre. Non-seulement vous me rendez mon instrument qui, pour moi, est aussi nécessaire que l'outil à l'ouvrier, mais vous ne savez pas encore tout le bien que vous me faites.

Une souscription étant ouverte en ma faveur dans les journaux et dans divers endroits, votre généreux élan ne va-t-il pas donner l'exemple? oh! oui, Messieurs, on sera fier de le suivre! quel bien ne m'aurez-vous donc pas fait? Eh! croyez-le, quelque position heureuse où je me trouve, le plus doux souvenir de reconnaissance restera éternellement gravé au fond de mon cœur. Que Dieu bénisse vos travaux et vos familles! Chaque jour en ouvrant mon piano je vous dirai : merci, merci, c'est à vous que je dois de pouvoir encore travailler.

LA ROSE ET LE BALAI.

FABLE

Dédiée à M. Théodore Leclerc *(de Paris),*
Membre de l'Académie Flosalpine.

Dons un salon que le marbre décore,
Une rose trônait sur un vase en cristal,
Et le feu pur qui la colore
Donnait à ce joyau qu'a vu naître l'aurore,
Au dire d'un chacun, un éclat sans égal,
Quand la royale fleur, de son superbe trône,
    Avise, appuyé dans un coin,
    Un vieux balai que l'oubli donne
    A notre reine pour témoin :
» Intrus, tu fais bien, lui dit-elle,
» De rester à l'écart et dans l'obscurité,
» Car ta présence nuit à la fleur la plus belle. »
— « Princesse c'est selon ; si dans l'adversité
    » Parfois je tombe,
» Ne soyez pas si fière ; où le riche succombe
    » Souvent le pauvre a résisté. »
L'intrus avait dit vrai ; notre éclatante rose
A même d'éblouir un écrin de rubis,
    Roulait le soir à la nuit close
    Sous le balai, parmi d'autres débris.

Jean Mormoreau fils.

ACADÉMIE FLOSALPINE
Séante à Embrun (Hautes-Alpes).

DISCOURS DE RÉCEPTION

adressé

Par Théodore **LECLERC** (de Paris),

LORS DE SON ADMISSION COMME MEMBRE TITULAIRE
DE LADITE ACADÉMIE.

Messieurs,

C'est en éprouvant les plus vives émotions de l'âme que je viens vous exprimer le sensible bonheur que me fait ressentir l'admission dont vous daignez m'honorer en m'admettant au nombre des membres de l'*Académie Flosalpine.*

Soyez persuadés, Messieurs, que je ferai tout mon possible pour répondre à l'accueil bienveillant que vous me faites, et pour me rendre digne de plus en plus du cercle où se propagent les idées nouvelles, idées qui tendent toujours vers un but d'amélioration progressive et humanitaire.

C'est dans ces intentions, Messieurs, que j'ai demandé à faire partie de l'Académie qui m'admet dans son sein, espérant, par mon aptitude et mon dévouement, mériter le titre que vous avez bien voulu m'accorder. Vous pouvez donc compter un membre de plus dans votre famille, membre qui se propose, de toute l'ardeur de son âme, de toute la fraternité du cœur, de continuer à nourrir les principes de vérité si heureusement mis en pratique par les nobles cœurs divinement inspirés pour venir en aide à toutes les classes de la société. Ayant su d'autre part former cette Union des Sciences et des Arts en indiquant à tous la route à suivre pour détruire toute erreur, en mettant des freins à toutes œuvres irréfléchies pour les rendre dignes de notre grand siècle, nous apercevons déjà les palmes de l'humanité ombrager nos têtes, déjà pétillent autour de nous les étincelles du feu sacré du progrès et de la civilisation.

C'est dans ces sentiments, Messieurs, que je vous prie d'accepter, avec les expressions de ma vive reconnaissance, l'assurance de ma bonne confraternité littéraire.

THÉODORE LECLERC (de Paris),

Membre de l'Union des Poètes et de l'Académie Flosalpine.

ÉPITAPHE ANTICIPÉE.

L 'homme qui sous la croix est couché tout au long
E tait jadis sur terre un chansonnier fécond,
C hassant par ses refrains le vice qui pullule,
L ouangeant la vertu, frondant le ridicule,
E t grâce à son esprit vif, ardent et loyal,
R êvant du prolétaire un destin moins fatal
C hemina pour aller mourir à l'hôpital.

J. LAVERGNE.

LES FILLES
DU PROLÉTAIRE.

CHANSONS ET POÉSIES

DE

THÉODORE LECLERC

(DE PARIS),

Membre de l'Union des Poètes et de l'Académie
Flosalpine, Lauréat de l'Académie universelle des arts et manufactures.

SONNET A LA VIERGE,

DÉDIÉ A MONSEIGNEUR IRÉNÉE DE PÉRY,

Évêque de Gap (Hautes-Alpes),

Grand-Maître de l'Académie Flosalpine.

Du céleste séjour, auguste Souveraine,
J'invoque ton saint nom, ô mère du Sauveur,
Au pied de tes autels où mon amour m'enchaîne,
Que chacun à l'envi proclame ta grandeur.

Toi, qui répands sur tous une grâce certaine,
Heureux de tes vertus qui devient possesseur,
Lorsque j'ai sous tes lois atteint la cinquantaine,
Accueille ce tribut que vient t'offrir mon cœur.

Unie aux Séraphins, glorieuse phalange,
Qui, dans leurs concerts t'adressent des louanges,
En ce jour, que mes vœux ne soient pas superflus ;
Marie étend sur moi ta divine tutelle,
En m'ouvrant pour jamais la demeure éternelle
Que ton Fils bien-aimé promet à ses élus.

T.-LECLERC.

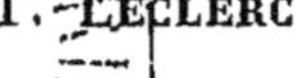

LE PAON ET LE PIGEON.

FABLE.

A M. le Comte Etienne-Emmanuel de Bussigny.

On a souvent besoin d'un plus petit que soi.
Cette maxime a, depuis Lafontaine,
Dans ce bas-monde, acquis force de loi;
Vous en faut-il encore une preuve certaine?

Naguère seigneur paon, déchu de sa grandeur,
De l'Olympe exilé pour mainte peccadille,
Vivait pauvre et souffrant, honni de sa famille,
Qui sans vergogne, hélas, insultait sa douleur.
On ne conserve point d'amis dans le malheur;
Sans regret cependant, sans fiel et sans envie,
Un pigeon près de lui vivait,
Qui, gai comme pinson suivait
L'aride sentier de la vie.
« Pigeon, lui dit le paon, j'implore ton secours,
» Par tes soins généreux soulage ma misère,
» Sois mon ami, deviens mon frère,
» Et je te promets de beaux jours.
» Près du maître des dieux, je dois rentrer en grâce,

» Dès que de son palais j'aurai franchi le seuil,
» A la Cour de Junon, tu trouveras ta place,
» Te rendre heureux sera mon bonheur, mon orgueil,
» Car près du dévouement tout préjugé s'efface. »
De ces mots, le pigeon savoure la douceur,
Mais voilà l'autre au ciel qui remonte avec joie,
Narguant le pauvret qu'il envoie
A la broche du rôtisseur.

Pour le crédule oiseau ce fut un coup trop rude;
Plaignons-le bien sincèrement,
Mais d'une lâche ingratitude,
Payer le plus beau dévouement,
C'est dans tous les pays un péché d'habitude.

T. Leclerc.

LE DERNIER ACTE
DE M. SCRIBE.

A SA VEUVE.

On était en décembre, au temps où la nature
N'étale plus ses fleurs ni sa riche parure,
Du mois c'était le vingt, l'hiver dans sa rigueur,
Du modeste artisan, suspendait le labeur ;
La neige, par flocons, en tombant sur la terre,
Avait porté le deuil au toit du prolétaire.
Pourtant il n'est pas seul à répandre des pleurs :
Chez nous il est encor de poignantes douleurs,
On ignore souvent des misères cachées
Qui, par les gens de bien n'étant pas recherchées
Méritent cependant le plus tendre intérêt :
L'artiste, l'écrivain, qui souffrant en secret,
Au sublime progrès ont consacré leur vie
Que dénigrent toujours la bassesse et l'envie.
Pourtant il faut le dire, ô sainte charité,
Tu l'emportes parfois sur la fatalité
Alors que du malheur par toi finit l'épreuve.
Un exemple en ce jour nous en donne la preuve.
Du chantre des Martyrs un noble rejeton,
Femme au talent éclos sous le soleil breton
Dans l'oubli demeurait et vouée au martyre,
En jetant aux échos les doux sons de sa lyre,
A des cœurs généreux adressait un appel ;

Aucun ne répondait, car le sort trop cruel
Se plait à torturer cette faible victime.
Le premier entre tous, un homme magnanime,
Scribe, dont nous gardons le pieux souvenir,
Touché de tant de maux qu'il voudrait voir finir,
Lorsque du malheureux la plainte est importune,
Ce bienveillant ami de l'honnête infortune
Répond : « Notre carrière est pénible ici-bas,
» C'est la commune loi, surtout aux premiers pas.
» Mais les amis des arts, oui, j'en ai l'espérance,
» O La Roche-Jagu, calmeront ta souffrance ;
» Voilà quel est le vœu le plus cher à mon cœur ;
» Ah ! puisse mon offrande assurer ton bonheur. »
De ces actes touchants, quand sa vie est remplie,
Du séjour des élus, Scribe, ce grand génie,
Auteurs vous en convie, et, changeant son destin,
Assurez à l'artiste un asile et du pain.
A la bonne action, hâtez-vous de souscrire,
Par vos œuvres déjà la France vous admire !
Quand Auguste Maquet vous montre le chemin,
Pressez-vous sur ses pas sans attendre à demain.
Vous, de l'humanité les sincères apôtres,
Unissez-vous à lui les uns comme les autres,
Et Dieu qui dans vos cœurs a placé l'équité,
Désormais bénira ce bienfait mérité.

T. Leclerc.

LA MISSION DU POÈTE.

A MADAME ADÈLE CALDELAR.

Pour rimer, me mettant en quête .
Je fis appel aux chastes sœurs
Qui me dirent: Pauvre poète,
Veux-tu mériter nos faveurs?
Sur l'épine effeuillant la rose
Pour cacher ta déception
De l'opprimé, défends la cause;
Poète, c'est ta mission.

Pour honorer le vrai mérite,
Sans retard, enfante des vers;
Puis en démasquant l'hypocrite,
De tous fustige les travers;
De l'exilé dans la souffrance,
Pour alléger l'affliction,
Module des chants d'espérance;
Poète, c'est ta mission.

Sur le seuil de chaque fabrique,
A ton frère le travailleur,
Apprends de ta voix prophétique
Qu'il est un avenir meilleur;
Lorsque la France est souveraine,
De cette grande nation,
Par tes refrains, calme la peine;
Poète, c'est ta mission.

Monte au grenier du prolétaire
Qui, torturé par les labeurs,
Finit ses jours dans la misère.
Que tes chants tarissent ses pleurs
De ce martyr de l'égoïsme.
En prêchant la paix, l'union,
Stimule le patriotisme;
Poète, c'est ta mission.

Contre les coups de maint critique
Qui veut trancher du juvénal,
Défends par un chant énergique
Ton poète national.
Sur ton luth toujours populaire
Fais aimer avec passion
Béranger, ce nouvel Homère;
Poète, c'est ta mission.

Sans t'écarter dans ton délire
Des bornes de la vérité,
Fais sur les cordes de ta lyre
Vibrer le mot FRATERNITÉ;
Selon sa maxime chérie,
Unis sans ostentation
La pratique à la théorie;
Poète, c'est ta mission,

T. LECLERC.

Cette poésie a obtenu une mention honorable au concours de la Tribune Lyrique de Macon, en 1860.

LA RICHESSE DES RIMES.

Air: *Prisons, prisons* (Gustave LECLAIR).

REFRAIN.

Rimons, rimons,
Ma lyre,
J'aime ton délire;
Rimons, rimons,
Et loin de nous les ennuyeux sermons.

Gais amis, sans façons,
Partout où nous passons,
On le sait nous plaçons
Des fleurs dans les buissons ;
Venez, filles, garçons,
Glaner dans nos moissons
Et puiser des leçons
Dans nos folles chansons.
Rimons, etc.

Tout ce qui rime en oc
Me paraît assez toc,
Mais ferme comme un roc
Je dépouille le froc ;
Quand je vide mon broc
Raison reçoit un choc,
Ce qui me met ad hoc
La cervelle à l'estoc.
Rimons, etc.

Mais , pour certain motif,
C'est un fait positif,
Je me montre craintif
S'il faut rimer en if ;
Bref ce soporitif
Rend mon accent plaintif,
Car au superlatif
Mon pégase est rétif.

    Rimons , etc.

Caractère têtu,
L'esprit toujours pointu,
Sur ton album veux-tu ,
Laure , quelque impromptu ?
J'écris turlututu ,
Car chanter la vertu
C'est par trop rebattu.

    Rimons , etc.

Au chansonnier fécond ,
Au buveur rubicond ,
Défendre le Macon
C'est la loi de Dracon
Moins sage que Bacon
Partant pour l'Hélicon ,
Un pétillant flacon ,
Voilà mon Rubicon.

    Rimons, etc.

Amis de la gaité ,
Au cœur plein d'équité ,
Que l'immortalité

D'un fleuron a doté,
Aux pieds de la beauté,
Chantons la volupté
Et la fidélité
A perpétuité.

    Rimons , etc.

T. Leclerc.

RONDE DES TRAVAILLEURS.

Air des *Moissonneurs* (L'Ouragan).

Ouvriers , bravons la discorde
Par nos travaux laborieux ;
Que ces mots : liberté , concorde,
Soient notre devise en tous lieux.
Pour nous, non ! jamais de divorce ; } *bis.*
Frères, l'union fait la force.
    Tout présage des jours meilleurs } *bis.*
    Aux travailleurs.

Amis des arts, de l'industrie,
Rallions-nous de toutes parts,
Et pour protéger la patrie
Marchons sous ses saints étendards,
Son amour fait naître des braves, } *bis.*
Pour eux il n'est jamais d'entraves.
    Tout présage des jours meilleurs } *bis.*
    Aux travailleurs.

Enfants du siècle, vite à l'œuvre,
Et, tous dans un essor nouveau,
Que chacun de nous, fier manœuvre,
En main reprenne le niveau.
Peuples que l'univers contemple, } bis.
Au progrès élevons un temple.
  Tout présage des jours meilleurs } bis.
  Aux travailleurs.

T. LECLERC.

LE CRÉATEUR.

Air : *Vers les rives de France.*

REFRAIN.

Sur la riche verdure,
Tous du Créateur,
    Oui,
Chantons la grandeur ;
    Pour tous,
Son joug est si doux ;
Quand renait la nature,
  Le cœur réjoui,
    Oui,
On parle de lui,
Ah ! que son nom soit béni.

Un Dieu tutélaire
A doté la terre

Des plus belles fleurs ;
O riches faveurs ,
Avec allégresse ,
Que notre tendresse
Lui porte en ce jour
Nos tributs d'amour.
      Ah !
  Sur la riche verdure , etc.

Gentille mésange ,
Par toi la louange
Monte vers le ciel
Près de l'Éternel ;
Sublime délire ,
Que ta voix inspire
Et joie et bonheur
Ces échos du cœur :
      Ah !
  Sur la riche verdure , etc.

A tous se révèle
Sa gloire immortelle :
Les flots de la mer ,
Les oiseaux dans l'air ;
Clément , juste et sage ,
Pendant le voyage
Qu'on fait ici-bas
Il guide nos pas.
      Ah !
  Sur la riche verdure , etc.

T. Leclerc.

LA FÊTE DES CHANSONNIERS.

A Mlle ALEXANDRINE PISTER.

Air: *Allons, Enfants de la goguette* (Mme ÉLIE DELESCHAUX).

Quand notre âme est endolorie
En riant de l'adversité,
Ce soir, enfants de l'Industrie,
Réveillons la folle gaité ;
Unis selon notre coutume,
Vite en main braves ouvriers,
Prenons et la lyre et la plume,
C'est la fête des chansonniers.

Enfants, venez à notre école
Vous instruire avec nos chansons ;
Les accents de la gaudriole
Inspirent de sages leçons.
Le sceptre de l'intelligence
Est le plus puissant des leviers,
Entonnons un chant d'espérance,
C'est la fête des chansonniers.

Pour entretenir l'harmonie,
Amis, tel est mon sentiment,
C'est peu que d'avoir du génie,
Montrons encor du dévouement.
Au mensonge qui s'émancipe,

Opposant nos forts boucliers,
Divinisons notre principe,
C'est la fête des chansonniers.

Quand de l'inexorable Parque
Nous ne pouvons braver les coups,
Avec douleur chacun remarque
Que Pister n'est plus avec nous;
Si la France perd un poète,
Chaque soir ses vers roturiers
Animent encor la goguette,
C'est la fête des chansonniers.

Près de nous des fleurs sont écloses;
Doux chantres de la charité,
De nos doigts, effeuillons des roses
Sur les maux de l'humanité;
Que nos refrains, tâche facile,
Pénètrent au fond des greniers.
Inspirons-nous de l'Évangile,
C'est la fête des chansonniers.

T. Leclerc.

LE BONHOMME RICHARD

BOUTADE.

Air de *Roger Bontemps* (feu BÉRANGER.)

Sans en faire mystère,
Je me plais à chanter
Un homme qui sur terre
Se fait bien détester ;
Parjure à sa parole,
L'air faux et papelard,
Je nommerai ce drôle,
Le bonhomme Richard.

Concurrent de Duchêne,
Il arrache les dents
Près de la Madeleine,
Sans se mettre dedans.
En charlatan habile,
C'est un homme de l'art
Au secours fort utile,
Le bonhomme Richard.

Près de nous quand il passe,
Sur lui crions: Haro !
De la canine race,
N'est-il pas le bourreau ?
Riant de leurs misères,

Il est, le fin renard ,
Sans pitié pour ses frères,
Le bonhomme Richard.

Mais, soit dit sans malice,
Pour terminer mes chants,
S'il est une justice
Qui punit les méchants,
Chacun dans son délire,
Sur un air goguenard,
Peut se moquer et rire
Du bonhomme Richard.

T. LECLERC.

POURQUOI JE CHANSONNE.

Air du *Vieux Braconnier*.

Pour ceux que je vois sourire
A mes joyeuses chansons,
Que les cordes de ma lyre
Vibrent d'utiles leçons;
Les refrains que je fredonne
De tous sont fort bien reçus.
   Je chansonne (*bis*.)
Pour combattre les abus.

Lorsque mon âme s'irrite,
A tous, je le dis sans fard,

De démasquer l'hypocrite :
Mes vers enseignez-moi l'art,
Car du fouet de Tysiphone
En corrigeant les intrus
    Je chansonne (*bis.*)
      Pour combattre les abus.

Toujours, j'ai sans amertume,
Poète déshérité,
Voué mon cœur et ma plume
Au bien de l'humanité.
Mais contre ses maux je tonne,
Hélas, ils sont étendus.
    Je chansonne (*bis.*)
      Pour combattre les abus.

Jacques, d'amour aime Hortense,
Mais il ne possède rien
Qu'une vaste intelligence ;
Que lui servira ce bien ?
Demain l'altière personne
Épouse un riche Crésus.
    Je chansonne (*bis.*)
      Pour combattre les abus.

Le préjugé qui se joue
De notre société,
Toujours traîna dans la boue
L'homme dans l'adversité ;
L'intrigant qui le friponne
Doit-il avoir le dessus ?
    Je chansonne (*bis.*)
      Pour combattre les abus.

Eh! qu'importe la naissance,
Pourquoi des grands, des petits?
Chez nous, point de différence,
Que tous les cœurs soient unis.
Sages conseils que je donne
Serez-vous donc entendus?
 Je chansonne (*bis.*)
Pour combattre les abus.

     T. LECLERC.

PIRON

Air de *Madame Grégoire* (feu BÉRANGER).

Je chante soudain,
Auprès de vous, montrant mon zèle,
Un auteur badin
Qui doit nous servir de modèle.
Apôtre de Bacchus
Inspiré de Vénus,
On connait sa vie égrillarde
Et sa muse vraiment gaillarde.
  Oui, toujours Piron
  Fut un joyeux luron.

Sous l'essor nouveau
De Piron, ne nous en déplaise,
Brilla le caveau,
Temple de la gaîté française

De Priape, morbleu,
Quand il faisait un dieu
De nos belles, la plus sournoise
Riait de son humeur grivoise.
    Oui, toujours Piron
    Fut un joyeux luron.

Quarante immortels
Avaient de l'esprit comme quatre ;
Près de leurs autels,
Jamais il ne voulut s'abattre.
L'Académicien
Eut été moins que rien,
Quand on admire le génie,
Qui créa la métromanie.
    Oui toujours Piron
    Fut un joyeux luron.

Pour charmer ses jours,
Que de fois il mit en pratique
Près de ses amours
Les traits de sa verve caustique ;
Au plaisir excité
Devant une beauté,
Noble, bourgeoise ou roturière
Il se tenait sous la gouttière.
    Oui, toujours Piron
    Fut un joyeux luron.

Ce vrai goguettier
Chez nous créa la gaudriole ;
Plus d'un coupletier

S'instruit encore à son école.
De sa folle chanson,
Le refrain sans façon,
A la ville comme au village
Va se propageant d'âge en âge.
    Oui, toujours Piron
    Fut un joyeux luron.

D'un commun accord,
Lorsque sa morale est facile,
S'il faut faire encor
De ses chansons un livre utile,
Que l'aimable vivant,
Son émule fervent,
A son culte toujours fidèle,
En tapinois prouve à sa belle
    Que comme Piron
    Il est un gai luron.

T. Leclerc.

GUERRE AUX CHINOISES.

Air des *Auvergnats.*

Français, peuple qu'on admire
Par votre rare valeur,
Quel est donc votre délire ?
Montrez-nous moins de rigueur

Quand vous nous cherchez des noises ;
En nous voyant aux abois,
   Laissez en paix les Chinoises
   Si vous battez les Chinois.

Sans redouter nos rancunes,
A nos pieds mettez vos cœurs,
Car ce n'est pas pour des prunes
Que vous êtes nos vainqueurs ;
Vous nous trouvez fort grivoises
Dans tous vos galants exploits,
   Laissez en paix les Chinoises
   Si vous battez les Chinois,

Prenez pitié de nos larmes,
Et, cessant d'être oppresseurs,
Si vous nous trouvez des charmes,
Devenez nos défenseurs ;
Nous ne sommes pas sournoises
Pour qui se montre courtois.
   Laissez en paix les Chinoises
   Si vous battez les Chinois.

Sensibles à la requête
Qu'ici nous vous adressons,
Ne vous mettez pas en tête
D'être froids comme glaçons ;
Partout, joyeuses matoises
Nous brillons par nos minois.
   Laissez en paix les Chinoises,
   Si vous battez les Chinois.

T. Leclerc.

ROSINE ET FIGNARD.

Air: *Petit bouton d'or* (feu PISTER).

Vous connaissez ma cousine,
Brunette aux yeux bleus.
Un beau jour va, de Rosine,
Combler tous les vœux.
A la treizième mairie,
Demain, sans retard,
La belle enfant se marie
   Avec son Fignard.

Honni soit qui mal y pense;
Fignard son mari,
Malgré son air d'innocence
N'est pas engourdi;
Sa face bien rebondie
Dénote un gaillard.
Rosine aimera la vie
   Avec son Fignard.

Jamais le moindre nuage,
J'en suis enchanté,
Ne troublera du ménage
La félicité;
Car de sa sagesse un modèle,
Rosine, sans fard,
A promis d'être fidèle
   Avec son Fignard.

Le futur est un bon diable,
Viveur avant tout;
La cuisine confortable
Est fort de son goût;
Rosine dont le mérite
Se borne à cet art,
Fera bouillir la marmite
    Avec son Fignard.

Mais, si la gentille brune,
A l'amant heureux,
N'apporte d'autre fortune
Qu'un cœur amoureux,
Comme on doit beaucoup attendre
Des coups du hasard,
A tout elle peut prétendre
    Avec son Fignard.

Ma cousine, on peut m'en croire,
Aime son pays,
Comme elle sait à sa gloire
Attacher du prix;
Elle donnera, je pense,
Quelques ans plus tard,
Des défenseurs à la France
    Avec son Fignard.

Le bonheur et la tendresse
Des futurs époux
Ont déjà, je le confesse,
Fait bien des jaloux;
Car mainte femme envieuse

Répète à l'écart :
Ah ! que Rosine est heureuse
Avec son Fignard.

T. Leclerc.

PROFESSION DE FOI

D'UN ÉPICURIEN.

Air de *La grande orgie* (feu Béranger).

Refrain.

Épicurien,
Franc vaurien,
Boire !
Voilà ma gloire,
Oui, j'aime à suivre ce moyen,
C'est pourquoi je n'ai pour tout bien
Rien.

Qu'un poète vanté
Au public attristé
Fasse verser des larmes,
Artisan , chansonnier,
Les chants de l'atelier
Ont pour moi plus de charmes.
Épicurien, etc.

Qu'un tribun tout en eau
Se trouble le cerveau
Pour la cause publique,
N'étant pas aussi vain,
L'amour et le bon vin
Voilà ma politique.

    Épicurien, etc.

Dans ce joyeux séjour,
Gais amis, en ce jour,
Tarissons donc nos verres ;
Pour nous autres lurons
Les vins sont toujours bons,
Les belles peu sévères.

    Épicurien, etc.

Le Bordeaux précieux
Me rend le cœur joyeux ;
Cette liqueur divine
M'inspire un impromptu,
Je chante la vertu
Que n'a pas ma Céline.

    Epicurien, etc.

Me faut-il, bon vivant,
Etre le concurrent
De Madame Grenouille ?
J'aime mieux du nectar
Qu'ingurgitait Panard,
Que mon gosier se mouille.

    Épicurien, etc.

Au nectar de Bacchus,
Au plaisir de Vénus,
Je renonce sans cesse ;
Mais le vin est tout frais,
Ma belle a des attraits,
Au diable la sagesse.

    Épicurien, etc.

Vers le Père Éternel,
Lorsque part un mortel,
Sa vie est bafouée,
Castigat ridendo,
On baisse le rideau
Et la farce est jouée.

    Épicurien, etc.

T. Leclerc.

CONSEILS A UN JEUNE AUTEUR.

Evrard, tu n'as pas le génie
De Molière ni de Ronsard ;
Je ne conçois pas ta manie
De te poser près de Ponsard,
C'est par trop te payer d'audace
Sur la scène de l'Odéon !
Non, ce n'est pas par là qu'on passe
Pour arriver au Panthéon,

Mais il est de joyeux poètes
Dont tu fus toujours des premiers ;
Va, du progrès, marche aux conquètes,
Ses champs abondent en lauriers ;
Chante encor et fais que ta lyre
Dévouée à la vérité
Du plus noble sujet s'inspire,
Le bonheur de l'humanité.

T. LECLERC.

A ÉVRARD.

ÉPIGRAMME.

Je conçois ce qui te chagrine,
J.-J. Evrard, pauvre garçon,
Sur la scène de l'Odéon
Tu ne peux pas prendre racine.

T. LECLERC.

A M. LE DOCTEUR HUGUIER,

Chirurgien de l'Hôpital Beaujon.

TÉMOIGNAGE DE RECONNAISSANCE.

Docteur, tu veux des vers, mais tu les veux superbes,
Et je ne puis t'offrir que du bouillon aux herbes ;
Le temps est mal choisi, car, malade au moral,
Ma muse se ressent de l'air de l'hôpital ;
Bref, ne comprenant rien à la pathologie,
Je ne puis te chanter l'art de la chirurgie,
Mais je veux, oubliant ma muette douleur,
Te dédier ces vers que m'inspire le cœur :
Sois de la charité le plus fervent apôtre,
Cette gloire, à mes yeux, Docteur, en vaut une autre ;
Pour prix de ses travaux, quand des riches moissons
Chacun reçoit sa part sur terre où nous passons,
O toi, qui viens doté d'une vaste science,
Jusques à son chevet soulager la souffrance,
Un jour puisse Clio graver de son burin
Ton nom près de Bichat, Broussais et Dupuytren.
Puisses-tu voir des mains de la noble indigence
Ton front couvert des fleurs de la reconnaissance !
Et, redoublant de zèle envers l'humanité,
Mériter à jamais de la postérité.

T. LECLERC.

LE LOUVRE DU PAUVRE.

ODE

*A l'occasion de la création de l'Asile impérial
de Vincennes en faveur des ouvriers
convalescents.*

O muse, à ton pouvoir s'abandonne mon âme ;
Qu'elle brûle par toi d'une sublime flamme.
En ce jour, viens combler mes vœux,
Fais résonner mon luth, cet écho de la gloire ;
Je veux qu'il vibre encor pour redire l'histoire
Des cœurs nobles et généreux.

Né dans les rangs du peuple où gémit l'indigence,
J'aime à couvrir des fleurs de la reconnaissance
Tout ce qui se sent battre un cœur,
Quand ce cœur s'épanche et que la main libérale,
En pratique, pour nous, sait mettre la morale
Et vient au secours du malheur.

Aux portes de Paris et non loin de Vincennes,
Où Louis le saint roi, sous l'ombrage des chênes,
De ses sujets était l'appui,
Sans cesse nous portons nos pensées solitaires
Vers ce nouvel Eden, où, pour nos prolétaires
Un Louvre s'élève aujourd'hui.

O Français, saluons la venue opportune
De l'asile du pauvre, abri de l'infortune,
Pour son éclat, s'il n'est cité

Avec un saint respect, admirons sa structure,
Lorsque sur son fronton, à défaut de dorure,
Chacun de nous lit: « Charité. »

Là, jamais de douleurs ni de larmes amères;
Unis par le malheur, tout un peuple de frères
Vit dans ce souriant bercail;
Vers lui tournant ses pas, le voyageur contemple
Cet humble monument dont on a fait un temple
Ouvert aux martyrs du travail.

Il s'arrête, et sa voix murmure: ô belle France,
Qui sur les nations verse l'intelligence
Et donne l'essor au progrès,
Pour qu'aux siècles futurs il règne sur la terre,
Grandis pour l'avenir sous l'appui tutélaire
De l'Alexandre de la paix.

T. Leclerc.

LE GLAIVE ET LA TRUELLE.

FABLE.

A M. D'ALBANÈS-HAVARD,

Fondateur du Panthéon des ouvriers.

Le glaive dit à la truelle:
« Je te regarde avec pitié
» Et ne te plains pas qu'à moitié;
» Que ton existence est cruelle;

» Quel est donc ton sort ici-bas?
» Quand je l'envisage je tremble,
» Et. je te l'avoue, il me semble,
» Hélas! que tu ne me vaux pas.
» Chaque jour je cours à la gloire,
» Je ne connais pas de rival;
» Ici, voudrais-tu faire croire
» Que tu marches d'un pas égal? »
— « Chacun notre lot sur la terre,
» Dit la truelle débonnaire;
» Édifier, voilà ma mission,
» Et moins que toi je crains compère
» La Rouille de l'inaction. »

T. Leclerc.

LA FAUVETTE DU BOCAGE.

Musique de Mlle Péan de la Roche-Jagu.

REFRAIN.

Me voilà,
Je suis là,
La petite fauvette
Gentille et guillerette,
Qui, messagère des amours,
Du printemps, chante les beaux jours.

O toi, qui viens t'asseoir sous la verte feuillée,
Et des sons de ma voix parais émerveillée,

Jeune fille, en chantant mes airs mélodieux,
Que le sombre souci s'éloigne de ton âme;
Le cœur toujours brûlant d'une sublime flamme
Fais vibrer les échos par ton chant gracieux.

      Me voilà, etc.

Diligents laboureurs que le monde révère,
Lorsque vos bras nerveux font sortir de la terre,
Pour nourrir les humains, de fertiles moissons,
Alors que du Seigneur, chacun de nous tient l'être,
Exaltant les bienfaits de ce souverain maître,
Dans vos concerts d'amour répétez mes chansons.

      Me voilà, etc.

Et vous, tendres amants, qui venez sous l'ombrage,
Rangez-vous sous mes lois, je suis reine au bocage;
Hélas ! trop tôt pour vous viendra le froid hiver,
Profitez des instants de la folle jeunesse,
Livrez-vous au plaisir, à la douce allégresse,
La neige un jour viendra flétrir le gazon vert.

      Me voilà, etc.

T. Leclerc.

LA POÊLE A FRIRE.
ou
LA COLÈRE DE SATAN.

Air : *A la ba ba ba, à la baïonnette.*

Dans son royaume infernal,
Satan en colère
Dit : Puisque de pis en mal
Tout marche sur terre,
Vous qu'on voit toujours pécher,
N'espérez pas me tricher.
Redoutez, mortels,
Mes feux éternels ;
  Les enfers
  Sont ouverts,
Vous n'allez pas rire
Dans ma poêle à frire.

Audacieux buveurs d'eau,
Qui, par ineptie,
Délaissez le vin nouveau,
Craignez ma furie ;
Pour tous mûrit le raisin,
N'en faites pas de dédain ;
Buvez souvent, mais
Évitez l'excès
  Où Satan
  Vous attend :

Je dois vous le dire :
Dans la poêle à frire.

Portier, toi qui cries haro
Sur le locataire,
De te faire son bourreau,
Est-il nécessaire ?
Pour lui sois dorénavant
Doux, affable et complaisant,
Ou ta vanité,
Cerbère entêté,
  Va, crois-moi,
  Sur ma foi,
Pourrait te conduire
Dans la poêle à frire.

Toi qui fus un parvenu,
Rival de Duchêne,
Chez moi sois le bienvenu ;
Approche sans gêne,
Car de tes nombreux méfaits
Tu n'eus jamais de regrets.
Arracheur de dents,
Roi des charlatans,
  O Richard,
  Mon gaillard,
Déjà je t'admire
Dans la poêle à frire.

Filles de tous les pays
Qu'on voit sans scrupule,
Pour récolter des maris,

Dorer la pilule,
Vous, les appeaux des garçons ;
Vous qu'on nomme ses tendrons,
Ces trompeurs atours
Couvrant vos contours,
   Vos beaux yeux
   Langoureux,
Tout ça vous attire
Dans la poêle à frire.

A qui mène en ce jour
La vie agréable,
Je veux dans mon noir séjour
Me montrer bon diable ;
Sur qui chante, aime, rit, boit,
Hélas ! Satan perd son droit.
Vous que le désir
Invite au plaisir,
   Gais viveurs,
   Francs buveurs,
Vous pouvez tous rire
De ma poêle à frire.

T. LECLERC.

HOMMAGE

A MADEMOISELLE PÉAN DE LA ROCHE-JAGU,

Parente de Chateaubriand.

SONNET.

—

O La Roche-Jagu, femme au rare courage,
Lorsqu'un cruel destin a fait couler tes pleurs,
Oubliant le passé, compte sur ce présage :
Oui, tu triompheras de tes persécuteurs.
Quand, du noble ouvrier tu fais ton entourage,
Va, ne redoute rien de tes vils détracteurs ;
De qui veut te flétrir, tu peux braver l'outrage,
Alors que nous t'ouvrons et nos bras et nos cœurs.
Grâce aux divins accords de ta lyre puissante,
Qui, nous le confessons, en ces lieux nous enchante,
Digne fille d'Orphée, espère en l'avenir ;
Accepte de nos mains ce tribut méritoire,
En ce jour nous t'offrons la couronne de gloire
Que notre amour unit à celle du martyr.

T. Leclerc.

L'ARMÉE FRANÇAISE
A NAPOLÉON III.

HYMNE NATIONAL.

Musique de Mlle Péan de la Roche-Jagu.

RÉCITATIF.

En avant, en avant,
L'univers nous admire,
La gloire nous attend,
Elle va nous sourire.

CHOEUR.

Marchons, soldats français, à l'appel de l'honneur
Pour sauver la patrie
Notre mère chérie;
Suivons, suivons les pas de l'Empereur.

Du joug de l'étranger,
Pour défendre la France,
Sans craindre le danger
Prouvons notre vaillance.

CHOEUR.

Marchons, soldats français, à l'appel de l'honneur
Pour sauver la patrie
Notre mère chérie;
Suivons, suivons les pas de l'Empereur.

Oppresseurs, à genoux ,
Respectez nos frontières ;
Dieu combat avec nous,
Il bénit nos bannières.

CHOEUR.

Marchons, soldats français , à l'appel de l'honneur
Pour sauver la patrie
Notre mère chérie ;
Suivons, suivons les pas de l'Empereur.

Avec Napoléon
La victoire est certaine,
Un héros de son nom
Dort aux bords de la Seine.

CHOEUR.

Marchons, soldats français, à l'appel de l'honneur
Pour sauver la patrie
Notre mère chérie ;
Suivons, suivons les pas de l'Empereur.

T. Leclerc.

A UNE AMIE

LE JOUR DE SA FÊTE.

Sur mille fleurs qu'à votre fête,
FRANÇOISE, on peut vous présenter,
L'Immortelle a surtout le droit de l'emporter.
Elle est, de l'amitié, l'emblême et l'interprête;
Pour briller, les fleurs n'ont qu'un temps,
C'est un éclat qu'un souffle emporte,
Mais l'amitié que je vous porte
Sera toujours dans son printemps.   T. LECLERC.

LE CHANTEUR ÉTERNEL.

Air des *Ficelles du Monde.*

REFRAIN.

Je chante, je chante,
J'ai l'humeur si plaisante,
Que, narguant le destin,
J'entonne un gai refrain.

Au diable la mélancolie
Qui vient attrister notre vie,
Moi qui tiens à vivre longtemps,
Je bannis soucis et tourments
En vrai Roger-Bontemps.

Je chante, etc.

Si j'apprends que dans notre ville
Éclate la guerre civile,
Ne sachant pour qui ni pourquoi,
Je dis aux combattants : Ma foi,
Battez-vous, quant à moi

    Je chante, etc.

A mes désirs, si quelque belle
Parfois se montre trop cruelle,
Un autre pourrait s'attrister,
Loin d'elle on me voit déserter,
Et sans me lamenter

    Je chante, etc.

Lorsque de l'ouvrier mon frère
On ose insulter la misère,
De l'honneur s'il suit le sentier,
Pour le défendre, le premier
Assis à son foyer,

    Je chante, etc.

Lorsque la patrie en alarmes
Quelquefois les appelle aux armes,
De nos français, hommes de cœur,
Soldats sans reproche et sans peur
Retraçant la valeur,

    Je chante, etc.

Aujourd'hui bravant la discorde,
Lorsque le progrès nous déborde,
Joyeux, quoique déshérité,

Saus rêver l'immortalité,
Tout à l'humanité
   Je chante, etc.

La mort, d'un coup de sa faucille
A-t-elle frappé ma famille,
Je fais sur moi-même un retour,
Puis, songeant qu'il faut à mon tour
Déménager un jour,
   Je chante, etc.

T. LECLERC.

LA PLUME ET LA CHARRUE.

Musique de Madame ÉLIE DELESCHAUX.

La charrue à la plume un matin dit sans fard :
— Courbez-vous devant moi, je suis le premier art;
Triptolème autrefois me donna la naissance,
Je suis pour les humains présage d'abondance,
Car tous trouvent par moi la vie et le bonheur.
Mais la plume, à ces mots , répond avec douceur:
— Comme vous, j'ai des droits; faut-il qu'on me mé-
Vous nourrissez le monde et je le moralise. [prise.]

REFRAIN.

Vivons en bonnes sœurs, et point de vanité,
Dotons de nos bienfaits la sainte humanité.

Vous souvient-il, ma sœur, que des hommes fameux,
Par de brillants exploits égalèrent les dieux;.
Jadis Cincinnatus, glorieuse épopée,
Pour vivre sous vos lois déposa son épée;
L'univers asservi tremblait devant son nom,
En ces temps fleurissaient César et Cicèron,
Or ce n'est pas en vain que je me glorifie;
Ainsi que votre soc la plume vivifie.
    Vivons en bonnes sœurs, etc.

Mais vous dites encore, et cela sans pudeur,
Que la plume agita le brandon de l'erreur;
Ah! regardez quels torts aujourd'hui sont les vôtres,
Lorsque dans tous les rangs je compte des apôtres,
Vous me citez sans cesse et Dombasle et Granger;
Gloire à ces écrivains interprêtes de l'âme,
Par eux du feu sacré se propagea la flamme.
    Vivons en bonnes sœurs, etc.

Hélas, vous invoquez de cruels souvenirs
En disant que l'idée eut parfois ses martyrs,
De moi plus d'un grand nom vraiment fut idolâtre:
Savage, Chafferton, Cibbert et Malfilâtre;
Puis vous me rappelez que le pauvre Moreau,
Comme Élisa Mercœur, eut la faim pour bourreau;
Hégésippe n'est plus, mais sublime hécatombe
Un bleu myosotis est fleuri sur sa tombe.
    Vivons en bonnes sœurs, etc.

Quand bien-être et progrès brillent sur vos drapeaux,
Sachez-le bien, mes droits aux vôtres sont égaux.
Si vous donnez du pain au riche, à l'indigence,
Moi, je prodigue à tous les fruits de la science.

En ce jour, sans regrets, ma sœur, unissons-nous,
Ensemble travaillons pour le bonheur de tous,
Et de la plume alors recevant la lumière,
Charrue avec amour dit calmant sa colère,
Vivons en bonnes sœurs, etc.

T. LECLERC.

LA TOMBE DE BÉRANGER.

A MON COLLÈGUE M. DEMOULE,
Directeur de la Tribune lyrique.

Air de *Maure et captive.*

Enfants joyeux de l'harmonie
Suspendons nos luths aux cyprès,
De Béranger, de ce génie,
Qui donna l'essor au progrès,
Dans nos refrains chantons sa gloire
En dépit de ses détracteurs,
Car sa place est dans notre histoire
Et son nom cher à tous les cœurs.

REFRAIN.

Français, lorsque succombe
Le divin chansonnier,
Oui toujours le laurier   (*bis.*)
Fleurira sur sa tombe,
Sur sa tombe.

Gloire à ce barde populaire
Quand son âme enfantait des vers ;
De l'infortune, ami sincère,
Il gémissait sur nos revers.
Notre tâche est de le défendre
Des coups de ces lâches Critès,
Que nos pleurs arrosent sa cendre,
Car il est digne de regrets.

> Français, etc.

Le peuple, Lisette et la France,
Voilà quels furent ses amours.
Chantons aussi sa bienveillance
Pour qui réclamait son concours.
Jamais le poison de l'envie
Sur lui n'exerça son pouvoir ;
Dans nos chants, exalter sa vie
Est pour nous un noble devoir.

> Français, etc.

Défenseur d'une sainte cause,
Son souvenir est éternel ;
Mais lorsque Béranger repose
Près de son ami Manuel,
Dans son pays qu'on s'évertue
Pour son nouvel Anacréon,
En décorant de sa statue
Le portique du Panthéon.

> Français, etc.   T. Leclerc.

PRÈS DE L'ORMEAU.

Près de l'ormeau
Ne t'endors pas, ô ma bergère,
Là, pour toi serait le tombeau,
Car il existe une vipère
Dont tu dois craindre la colère
Près de l'ormeau.

A UN SOT ÉCRIVAIN.

Malgré sa morgue et ses noirceurs,
De PÉAN le triste zoïle,
Quand pour elle, elle a les grands cœurs,
En vain exhalera sa bile,
On pourra dire désormais
De ce folliculaire infâme :
Honte pour lui ! c'est un français
Qui rit des larmes d'une femme.

T. LECLERC.

PENSÉES.

Diogène fut le précurseur de Béranger.

On peut parfois enchaîner la pensée,
Mais le principe est toujours immortel.

La conscience est un juge infaillible.

La femme est la joie de l'homme.

La modestie est sœur du mérite,
La vanité l'apanage des sots.

Seule, la vertu fait la noblesse.

Aux grands cœurs les grandes passions.

T. LECLERC.

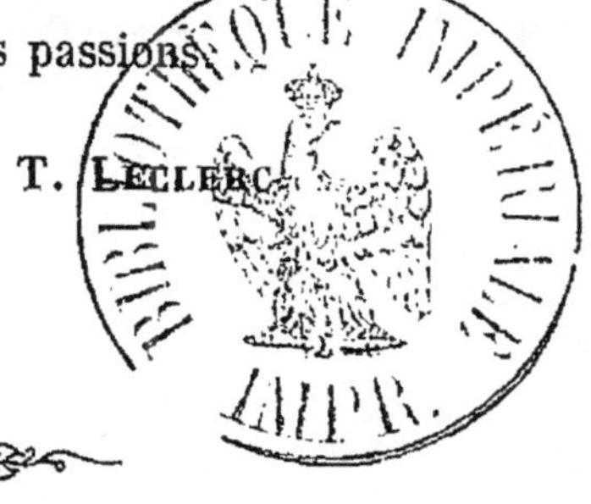